Addestra il tuo drago ad essere gentile
My Dragon Books Italiano- Volume 9
di Steve Herman

Copyright © 2020 Digital Golden Solutions LLC.

Tutti i diritti sono riservati. Nessuna parte di questo libro può essere riprodotta in qualsiasi forma o con qualsiasi mezzo elettronico o meccanico, con qualsiasi sistema di memorizzazione, di informazione o di recupero, per qualsiasi scopo, senza la preventiva autorizzazione dell'editore.

[All rights reserved. No part of this publication may be reproduced, distributed, or transmitted in any form or by any means, including photocopying, recording, or other electronic or mechanical methods, without the prior written permission of the publisher, except in the case of brief quotations embodied in critical reviews and certain other noncommercial uses permitted by copyright law.]

ISBN: 978-1-950280-75-9 (Copertina flessibile)
ISBN: 978-1-950280-76-6 (Copertina rigida)

www.MyDragonBooks.com

Prima edizione: aprile 2020

10 9 8 7 6 5 4 3 2 1

Addestra il tuo drago ad essere gentile

My Dragon Books Italiano – Volume 9

Steve Herman

"Diggory Doo," gli dico allora,
"questo comportamento non ti fa onore.
Lo sai benissimo anche tu:
potresti essere una persona migliore!"

Diggory Doo era un po' dispettoso, prima che gli insegnassi a interagire; Prendeva in giro gli altri bambini, perciò sono dovuto intervenire.

Ben presto divenne evidente
che gli serviva qualche indicazione
su come andare d'accordo con gli altri
e trattarli con più educazione.

E porgi sempre un fazzoletto, quando senti qualcuno starnutire.

Tutti quanti ci arrabbiamo talvolta, ma è importante che tu riesca a imparare A non perdere le staffe e infervorarti, e a non cercare qualcosa da bruciare.

www.ingramcontent.com/pod-product-compliance
Lightning Source LLC
Chambersburg PA
CBHW051400110526
44592CB00023B/2906